23358

DISCOURS

PRONONCÉ

PAR Léon CHRÉTIEN

LE 4 FÉVRIER 1867, A LA SALLE BESNARD

A L'OCCASION DU MARIAGE

De son Frère JUSTIN avec Madame Aline RICHARD

CÉLÉBRÉ LE MÈME JOUR, A DIX HEURES DU MATIN

EN L'ÉGLISE SAINT-JACQUES

REIMS.

—

MDCCCLXVII

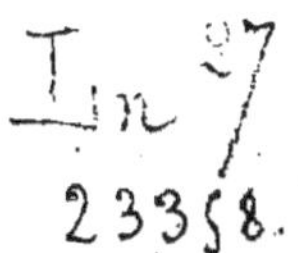
In 7
23358.

DISCOURS

BIBLIOTHÈQUE IMPÉRIALE

PRONONCÉ

PAR Léon CHRÉTIEN

LE 4 FÉVRIER 1867, A LA SALLE BESNARD

A L'OCCASION DU MARIAGE

De son Frère JUSTIN avec Madame Aline RICHARD

CÉLÉBRÉ LE MÊME JOUR, A DIX HEURES DU MATIN

EN L'ÉGLISE SAINT-JACQUES

REIMS.

—

MDCCCLXVII

DISCOURS

Prononcé le 4 Février 1867, à la Salle Besnard

PAR LÉON CHRÉTIEN

DÉPÔT LÉGAL
Marne
No 30
1867

Je porte un toast, en l'honneur des nouveaux époux.

En portant ce toast, chère Mariée et chère Belle-Sœur, je suis l'écho fidèle des sentiments affectueux et fraternels qui animent les membres de votre nouvelle famille, de vos frères, présents et absent, de votre sœur, de votre oncle et de votre tante, et de tous nos parents et amis qui composent ce banquet de famille.

Pour mon compte personnel, je suis heureux pour la première fois de prononcer le doux nom de belle-sœur. Les qualités de votre cœur sont un gage certain que mon frère trouvera dans la compagne de son choix, les vertus solides qui font les délices du foyer et les consolations d'un mari.

Je ne puis m'exprimer sans émotion, sachant que vous êtes à jamais unie à nous par les liens de famille ; nos cœurs sont à vous, chère belle-sœur, ils le sont pour toujours : les vœux que nous adressions ce matin au pied des autels, pour répandre sur vous ses bénédictions, sont à jamais gravés dans nos cœurs.

Permets-moi, mon cher Justin, de te féliciter et de partager avec toi ton bonheur.

A partir d'aujourd'hui, le cercle de notre famille s'élargit, fidèle à la tradition de notre bon et généreux père ; et, pour honorer sa mémoire, frères et sœur, reserrons nos liens, afin de ne former qu'un seul faisceau, car, si l'union en famille fait la force, elle fait aussi la joie et la consolation.

Jusqu'alors, mon cher Justin, nous avons veillé sur toi pour te tracer le chemin de la vie, notre mission est accomplie, la tienne va commencer ; elle sera douce et facile, car si nous jetons un regard sur ton passé, nous te trouvons sur le sol de Crimée, exposé à la mort et aux intempéries des saisons, avec une tente pour abri et couché sur la terre humide, devant les forts de Sébastopol. De pareilles conditions hygiéniques prêtent peu à la poésie, et nous comprenons alors tes rêves et tes aspirations au confort et aux sollicitudes d'une épouse chérie. Ces rêves, mon cher Justin, n'étaient point une fiction puisqu'ils se réalisent aujourd'hui, rends-toi donc digne de ce bonheur et remercie la Providence. Sois un mari non-seulement protecteur selon la formule de la loi, mais sois aussi un mari fidèle et dévoué, et pour célébrer ce grand jour, groupons-nous tous autour des nouveaux époux. Nous aussi, pour aujourd'hui, ne formons qu'une seule et même famille, oublions un instant l'étiquette, les distances et les tribulations de la vie ; ravivons la gaité gauloise de nos ancêtres et honorons ce vin pétillant comme un vieil ami du pays, oublions-nous pour lui et chantons ses louanges ; mais, pour notre honneur, prouvons à ces dames que le vin de notre bienheureuse Champagne ne fait pas seul notre félicité, et que nous restons soumis à leurs charmes et fidèles aux lois de l'urbanité, de la bienséance et de la galanterie française, et maintenant levons tous nos verres en l'honneur des mariés, buvons, rions, chantons, dansons, faisons des folies même, car il est si doux, dans sa vie, de s'oublier quelquefois ; mais, Mesdames, excusez d'abord les miennes, car je le sens, je deviens fou de bonheur.

A la santé ! à la prospérité ! et au bonheur
des nouveaux époux.

REIMS, IMP. MATOT-BRAINE.

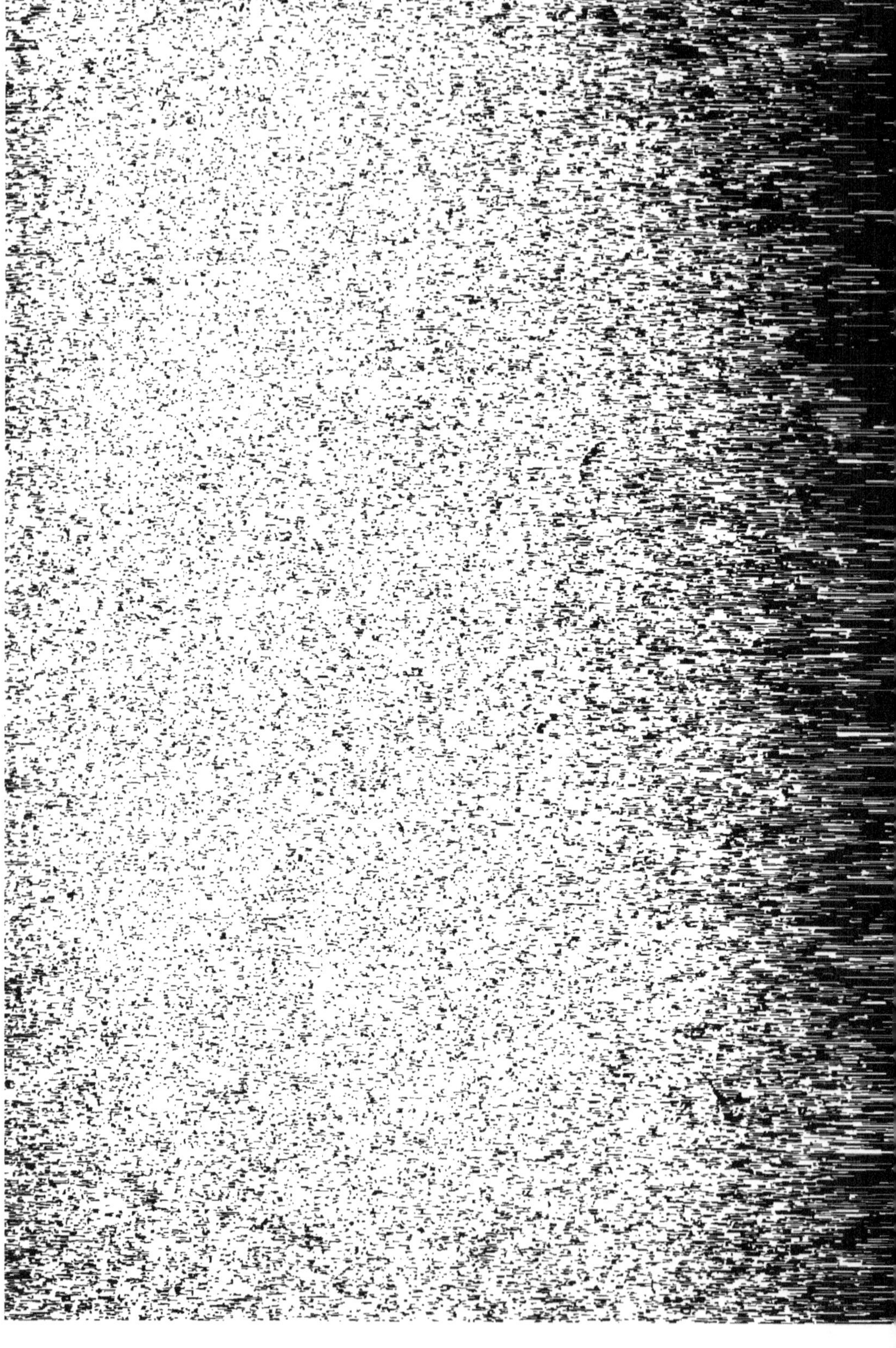

www.ingramcontent.com/pod-product-compliance
Lightning Source LLC
Chambersburg PA
CBHW050722070726
47597CB00009B/3740